Elke Rauschenbach

Holzdekorationen
für die Weihnachtszeit

ENGLISCH
VERLAG

Die Deutsche Bibliothek – CIP-Einheitsaufnahme
Holzdekorationen für die Weihnachtszeit / Elke Rauschenbach. –
Wiesbaden: Englisch, 2000
ISBN 3-8241-0994-8

© by Englisch Verlag GmbH, Wiesbaden 2000
ISBN 3-8241-0994-8
Alle Rechte vorbehalten. Nachdruck, auch auszugsweise, verboten.
Fotos: Frank Schuppelius
Herstellung: Michael Feuerer
Printed in Spain

Inhaltsverzeichnis

Vorwort

Die Wochen vor Weihnachten gehören für viele von uns zur schönsten Zeit des Jahres. Trotz aller Hektik und Arbeit des normalen Tagesablaufes nehmen wir uns Zeit, um Plätzchen zu backen, Tannenzweige aufzustellen und die Wohnung zu schmücken. Hierzu möchte Ihnen dieses Buch ein paar Anregungen für einfache Dekorationen aus eigener Werkstatt bescheren. Sie werden auch in Ihrer Wohnung den warmen Glanz des Holzes verbreiten und die eigenen vier Wände auf ein besinnliches Weihnachtsfest vorbereiten.

Danken möchte ich an dieser Stelle meinem Ehemann Jens, der mir in allen Fragen technischer und gestalterischer Art hilfreich zur Seite gestanden hat, sowie meinen Kindern, den besten Kritikern überhaupt.

Viel Spaß beim Werkeln und ein frohes Weihnachtsfest wünscht Ihnen Ihre

Elke Rauschenbach

Material und Werkzeug

Für die vorgestellten Holzdekorationen benötigen Sie folgendes Material und Werkzeug:

✦ Sie benötigen eine Laubsäge mit entsprechenden Sägeblättern oder aber eine Dekupiersäge. Wenn Sie Spaß an der Herstellung von Holzteilen haben, sollten Sie sich zum Kauf einer Dekupiersäge entschließen. Es gibt sie inzwischen in sehr vielen Preislagen in fast jedem Baumarkt. Achten Sie aber von vornherein darauf, dass sie für Ihre Zwecke nicht zu klein gebaut ist. Wenn Sie also auch einmal dickere Teile aussägen wollen, müssen Sie auf die notwendige Motorleistung achten. Wenn Sie viele Teile mit kleinen Innenausschnitten machen möchten, sollte Ihre Säge auch eine Einspannvorrichtung für Sägeblätter haben. Sie sollten sich daher vor einem Kauf beraten lassen.

✦ Sägeblätter: Sie sollten von vornherein gute Sägeblätter verwenden, sonst ärgern Sie sich über ständiges Stumpfwerden und Reißen der Blätter. Außerdem kann die Rückseite des Holzteiles ausreißen, sodass Sie sehr viel zu schleifen haben. Für die Innenausschnitte benötigen Sie Sägeblätter, die nur zum Festspannen gedacht sind, sonst bekommen Sie sie eventuell nicht durch das vorgebohrte Loch hindurch.

✦ Bleistift und Radiergummi

✦ Kopier- und Schreibpapier zum Abpausen der Vorlagen, Pappe

✦ Schere

✦ Schleifpapier in Kornstärke 120 und 180

✦ Feilen: Verschiedene kleine runde und eckige gibt es oft im Sechserpack.

✦ Lackstift: ein dünner schwarzer reicht. Achten Sie darauf, dass er für Holz geeignet ist (erhältlich im Hobbyfachhandel). Prüfen Sie dies an einem kleinen Probestück. Vor allem die Verträglichkeit mit Leinöl sollten Sie testen, damit die Farbe nicht verwischt. Sollten Sie keinen holzverträglichen Stift finden, können Sie auch Bastelfarbe verwenden. Der Pinselauftrag wird nur wahrscheinlich etwas dicker ausfallen.

✦ Leinöl und Terpentinersatz im Verhältnis 1:1 gemischt

✦ Bootslack, wenn die Figuren auch draußen aufgestellt werden sollen

✦ 20er Borstenpinsel

✦ Leim

✦ kleine Schraubzwingen

✦ Bohrmaschine mit Holzbohrer

✦ Bohrer mit 42 mm Durchmesser (Bohrscheibe)

✦ Holzschrauben: Spax 3 x 25 und Spax 3 x 13

✦ Häkchen zum Aufhängen (auch Holzschraubösen genannt)

✦ Holz: in Baumärkten können Sie sich günstig Kiefern- oder Fichtenplatten besorgen. Sie sind in der Regel 18 mm dick und lassen sich leicht sägen. Achten Sie auf gutes Material. Wenig Äste und Harzgallen

erleichtern Ihnen die Arbeit. Auch sollten die Platten gerade und nicht verbogen sein.

Mögen Sie gerne andere Holzsorten, z. B. Buche, Esche oder Eiche (die sich allerdings erheblich schwerer sägen lassen), müssen Sie sich schon ein wenig bemühen, um eine Quelle zu finden. Vielleicht haben Sie ja einen netten Schreiner in der Nähe, bei dem hin und wieder Reststücke dieses Materials abfallen. Diese sollten aber nur eine Stärke von 14 bis 16 mm haben.

Grundanleitung

Übertragen der Motive

Nachdem Sie das Motiv ausgesucht haben, pausen Sie es ab, indem Sie Papier und Kohlepapier unter den Vorlagebogen legen und die Linien des Motivs nachziehen. Nun können Sie das Motiv direkt ausschneiden und als Schablone benutzen oder erst noch auf Pappe kleben, sodass die Schablone fester und haltbarer ist. Dies empfiehlt sich vor allem bei Teilen, die sehr viel Innenausschnitt haben, wie z. B. die Glocke. Suchen Sie sich nun ein gutes Stück Holz aus, achten Sie auch auf die Rückseite des Holzes, und legen Sie die Schablone auf, die mit einem weichen Bleistift umfahren wird. Das Motiv sollte so aufgezeichnet werden, dass dünne Teile, die leicht abbrechen können,

längs mit der Maserung laufen. Beachten Sie hierzu die auf den Vorlagen eingezeichneten Pfeile. Bei den Teilen mit viel Innenausschnitt ist der Maserverlauf egal, da einige Bereiche der Figur immer im Querverlauf liegen werden.

Sägen

Wenn das Motiv auf das Holz übertragen ist, können Sie es bei großen Holzstücken mit der Stichsäge erst einmal grob aussägen, oder Sie beginnen gleich mit der Laub- oder Dekupiersäge. Schieben Sie bei der Dekupiersäge nicht zu schnell, damit sich das Sägeblatt nicht verdreht, sondern frei schneiden kann. Sägen Sie erst die Außenkanten. Für die Innenausschnitte bohren Sie ein Loch, spannen das Sägeblatt aus, fädeln es durch das Loch und spannen es wieder ein. Nun kann das Innenteil ausgesägt werden.

7

Schleifen

Nachdem das Werkstück ausgesägt ist, muss es noch geschliffen werden. Über die flachen Seiten sollten Sie nur im Maserverlauf schleifen, sonst bekommen diese Flächen unschöne Kratzer ins Holz. Schleifen Sie auf alle Fälle die Kanten. Wenn Sie mögen, können Sie diese auch ganz rund schleifen. Manchmal wirkt die Figur dadurch noch gelungener. Profis benutzen für diese Zwecke eine Oberfräse. Für die Innenflächen eignen sich kleine Feilen hervorragend.

Bemalung

Wenn diese Arbeiten erledigt sind, können die Figuren mit den Zeichnungen versehen werden. Danach werden die Figuren auf die Bodenplatten geleimt, damit sie Standfestigkeit erhalten. Geben Sie etwas Leim auf die Klebeflächen, und spannen Sie beide Teile mit einer Schraubzwinge zusammen. Wenn die Standflächen groß genug sind, können Sie sie auch festschrau-

ben. Bohren Sie hierzu ein Loch in die Bodenplatte, fügen Sie die Schraube ein, und schrauben Sie sie dann fest. Sehr hilfreich bei diesen Arbeiten ist es, wenn Sie die Figur in einem Schraubstock festklemmen können und die Bodenplatte von oben aufschrauben. Bei den Hängefiguren wird für die Aufhängung ein kleines Häkchen eingeschraubt oder ein Loch gebohrt. Finden Sie hierfür die richtige Stelle, indem Sie Ihr Werkstück zwischen zwei Fingern halten, bis es gerade hängt.

Nun ist Ihre Figur so gut wie fertig. Sie braucht nur noch geölt oder mit Bootslack behandelt zu werden, je nachdem ob Sie sie drinnen oder draußen hinstellen oder aufhängen wollen.

Wenn Sie Leinöl verwenden, sollten Sie einen sauberen Lappen zum Festhalten des Werkstückes benutzen und anschließend das überflüssige Öl damit abwischen.

Stehfiguren

1. Kerze

Material
- ✦ Massivholzplatte
- ✦ Holzschraube: Spax 3 x 25, Leim
- ✦ Leinölmischung

Anleitung
Was wäre die Weihnachtszeit ohne sanften Kerzenschein? Mit dieser Kerze kommen Tannenzweige, Goldsterne oder andere Dekoartikel gut zur Geltung. Sägen Sie zuerst die Kerze aus und dann die Bodenplatte. Ist Ihnen die vorgegebene Bodenplatte zu klein oder zu groß, sägen Sie sich einfach eine Form aus, die Ihnen besser gefällt. Anschließend schleifen Sie beide Teile und schrauben und leimen dann die Kerze auf die Bodenplatte auf. Ölen Sie die Holzfigur, und das fröhliche Dekorieren kann beginnen.

2. Rentier

Material
✦ Kiefern- oder Fichtenholz, 18 mm stark
✦ Leim
✦ Holzschraube: Spax 3 x 25
✦ Lackstift in Schwarz
✦ Leinölmischung

Anleitung
Dieses Rentier zieht nicht den Schlitten des Weihnachtsmannes, sondern es ist allein unterwegs. Es sei denn, Sie möchten gleich eine ganze Herde aussägen. Nach dem Aussägen und Schleifen zeichnen Sie auf beiden Seiten des Rentiers ein Auge auf. Danach schrauben Sie das Rentier mit etwas Leim auf die Grundplatte und ölen die Figur.

3. Tanne

Material
✦ Massivholzplatte
✦ Holzschraube: Spax 3 x 25
✦ Leinölmischung

Anleitung
Die Tanne können Sie nicht nur zur Weihnachtszeit, sondern auch zu anderen Jahreszeiten aufstellen. Auf die Dekoration kommt es an, lassen Sie Ihre Phantasie walten. Wenn Ihnen die Grundplatte zu klein ist, dann sägen Sie sich einfach eine größere ganz nach Ihren Wünschen aus. Auf diese schrauben Sie die geschliffene Tanne auf und ölen dann alles zusammen. Nun stellen Sie ein Teelicht oder eine andere Dekoration, wie hier das Rentier, dazu, und schon haben Sie einen neuen Blickfang geschaffen.

4. Weihnachtsmann

Material
✦ Kiefern- oder Fichtenholz, 18 mm stark
✦ Leim
✦ Holzschraube: Spax 3 x 25
✦ Leinölmischung

Anleitung
In keiner guten Stube darf er fehlen: der Weihnachtsmann. Er ist so einfach gehalten, dass er Ihrer Phantasie freien Lauf lässt. Sie brauchen ihn nur auszusägen, anschließend zu schleifen und dann aufzukleben.

Zur Sicherheit sollten Sie ihn ruhig fest-schrauben. Bohren Sie dafür ein Loch in die Bodenplatte, und fügen Sie dort die Schraube ein. Danach können Sie den Weihnachtsmann ölen.

Tipp: Wenn Sie die kleinen Ausschnitte der Lampe nicht aussägen möchten, malen Sie sie einfach gelb an.

5. Schornsteinfeger

Material

✦ Massivholzplatte
✦ Holzschraube: Spax 3 x 25
✦ Leim
✦ Leinölmischung

Anleitung

Glücksbringer kann man das ganze Jahr gebrauchen, zu Weihnachten und Silvester werden sie aber besonders gern verschenkt. Sägen Sie den Schornsteinfeger im Ganzen aus, und beginnen Sie dann mit den Innenausschnitten der Leiter. Anschließend sägen Sie die Bodenplatte aus und schleifen beide Teile. Wenn Sie die Figur auf die Platte geleimt und geschraubt haben, können Sie beide Teile zusammen ölen.

6. Esel

Material

- Massivholzplatte
- Holzschraube: Spax 3 x 25
- Schrauböse
- Leinölmischung
- Jute- oder Weihnachtsstoffreste
- Kordel
- Holzperlen
- Nähgarn und Nähnadel
- Lackstift in Schwarz

Anleitung

Dieser Esel ist sehr friedlich. Wenn Sie möchten, bringt er kleine Geschenke mit, die Sie in seinen Säckchen verstecken können. Wenn Sie den Esel und die Grundplatte ausgesägt haben, schleifen Sie die Flächen und die Kanten sauber. Dann leimen und schrauben Sie beides zusammen. Danach drehen Sie eine kleine Schrauböse in den Rücken des Tieres. Anschließend ölen Sie die Figur. Nun können Sie zwei kleine Säckchen aus Jute oder Weihnachtsstoff nähen, die Sie mit einer Kordel, die Sie durch die Schrauböse ziehen, am Esel befestigen.

7. Sternsinger

Material
✦ Massivholzplatte
✦ 2 Holzschrauben: Spax 3 x 25
✦ Leinölmischung

Anleitung
Obwohl sie eigentlich erst im Januar unterwegs sind, erfreuen sie uns schon über die ganze Weihnachtszeit: die Sternsinger. Besonders hübsch ist es, wenn Sie, wie hier abgebildet, ein Paar mit Mond und Stern aufstellen. Diese beiden kommen ohne eine Bemalung aus. Nach dem Aussägen werden sie geschliffen und jede Figur auf eine runde Bodenplatte aufgeschraubt. Anschließend können Sie die Figuren ölen.

Tipp: Wenn Sie möchten, können Sie die Sternsinger statt zu ölen auch mit wetterfester Farbe lackieren und zwischen Tannengrün in einem Blumentopf für draußen arrangieren.

8. Schwein

Material
+ Massivholzplatte
+ Holzschraube: Spax 3 x 25
+ Leim
+ Lackstift in Schwarz
+ Leinölmischung

Anleitung
Das Schwein ist als Glücksbringer besonders bei Kindern sehr beliebt. Sägen Sie
das Schwein sowie die Grundplatte gemäß
der Schablonen zu, und schleifen Sie an
beiden Teilen die Kanten. Dann bekommt
das Schwein sein Gesicht und den Ohren-
ansatz gemalt. Anschließend leimen und
schrauben Sie das Schwein und die Grundplatte zusammen und ölen das fertige
Stück.

Tipp: Wenn Sie, wie auf der Abbildung,
das Schwein in verschiedenen Größen anfertigen möchten, können Sie die Vorlage
mit einem Fotokopierer auf die gewünschte
Größe bringen und sich dann eine weitere
Schablone anfertigen.

Leuchtfiguren

9. Engel

Material

- Kiefern- oder Fichtenholz, 18 mm stark
- Holzschraube: Spax 3 x 25
- Holzschraube: Spax 3 x 13 oder Nagel
- Leinölmischung
- Kerzenhalter
- Kerze

Anleitung

Der Engel wird zuerst, genau wie die Bodenplatte, ausgesägt und geschliffen. Wenn Sie ihn mit Hilfe einer Schraube auf der Wolke befestigt haben, bringen Sie den Kerzenhalter an. Zum Schutz des Holzes sollten Sie einen Kerzenhalter aus Aluminium, wie sie für Laternen angeboten werden, verwenden. Sie benötigen hierfür eine kleine Schraube, die Sie vorsichtig durch das vorgebohrte Loch auf der Handfläche drehen. Sie können auch von der Unterseite der Hände einen kleinen Nagel durchstecken. Bohren Sie hierzu ein Loch vor, und bedecken Sie den Nagel nach dem Durchstecken mit einem Stückchen Kork, solange Sie keine Kerze aufstecken. Nun wird der Engel nur noch geölt.

10. Sternlicht

Material
+ Massivholzplatte
+ Leim
+ buntes, gewachstes Pergamentpapier
+ Teelicht
+ 42-mm-Bohrer (Bohrer mit Bohrscheibe)

Anleitung

Dieser Stern verströmt durch das farbige Pergamentpapier ein wunderschön warmes Licht. Sägen Sie zunächst den Stern als Ganzes aus. Dann bohren Sie für jeden Innenausschnitt ein Loch, durch das Sie das Sägeblatt durchfädeln. Nun können Sie die einzelnen Innenteile aussägen. Sägen Sie zwei nebeneinander liegende Spitzen des Sterns gerade ab, damit Sie eine ebene Fläche erhalten und später die Grundplatte anleimen können. Als Grundplatte sägen Sie den Stern ein zweites Mal aus. Statt die Innenteile auszusägen, lassen Sie ihn jedoch massiv. In die Mitte des Sterns bohren Sie mit Hilfe des 42-mm-Bohrers eine Vertiefung, um dort ein Teelicht hineinstellen zu können. Schleifen Sie beide Teile, und hinterkleben Sie den Stern mit farbigem Pergamentpapier. Dann werden Stern und Grundplatte aneinander geleimt. Auf das Ölen sollten Sie bei dieser Figur verzichten, da sich sonst das Papier wieder löst. Stellen Sie abschließend ein Teelicht in die Mulde der Grundplatte.

11. Mondlicht

Material
- Massivholzplatte
- buntes gewachstes Pergamentpapier
- Leim
- 42-mm-Bohrer (Bohrer mit Bohrscheibe)
- Teelicht

Anleitung

Das Mondlicht wird genauso gearbeitet wie das Sternlicht. Zuerst sägen Sie den Mond mit den Innenausschnitten und die Grundplatte aus. Für jeden Innenausschnitt bohren Sie ein Loch, durch das Sie das Sägeblatt hindurchfädeln und dann wieder in der Säge festspannen. Anschließend können Sie den jeweiligen Ausschnitt aussägen. Nachdem Sie Mond und Grundplatte abgeschliffen haben, hinterkleben Sie den Mond und den angesetzten kleinen Stern mit dem farbigen Pergamentpapier. Bohren Sie mit einem 42-mm-Bohrer eine Vertiefung in die Grundplatte, um an dieser Stelle später das Teelicht platzieren zu können. Dann leimen Sie den Mond auf die Grundplatte. Auch diese Figur ölen Sie besser nicht, damit das Papier nicht abfällt.

Tipp: Das Sternlicht ist auch ohne Bodenplatte eine hübsche Dekoration, wie Sie auf dieser Abbildung sehen können.

12. Teelichtstern

Material

✦ Massivholzplatte
✦ Leinölmischung
✦ 42-mm-Bohrer (Bohrer mit Bohrscheibe)
✦ Teelicht

Anleitung

Zu Weihnachten gehören Teelichter unbedingt dazu, und ein Stern als Halter wirkt besonders schön. Sägen Sie den Stern aus. Sie verwenden dafür die Form des Sternlichtes (siehe Vorlagebogen Motiv 10). Belassen Sie den Stern in seiner Grundform, es werden keine Innenausschnitte ausgesägt. In die Mitte bohren Sie mit dem 42-mm-Bohrer eine Vertiefung für das Teelicht. Schleifen und ölen Sie den Stern, und fertig ist Ihr Teelichthalter.

Figuren zum Aufhängen

13. Glocke

Material
- Massivholzplatte
- Leinölmischung
- Band
- Holzperlen

Anleitung

Die Holzteile zum Aufhängen bekommen, genau wie beim Scherenschnitt, durch die Innenausschnitte ihre besondere Wirkung. Sägen Sie zuerst die komplette Glocke aus. Dann beginnen Sie mit den Innenausschnitten, die Sie nacheinander aussägen. Dabei gehen Sie so vor, dass Sie für jeden Ausschnitt ein Loch bohren, das Sägeblatt hindurchfädeln und dann den Innenausschnitt aussägen. Zum Schleifen verwenden Sie für die Innenausschnitte ein kleines Stückchen Schleifpapier oder eine der kleinen Feilen. Bohren Sie anschließend je nach Bandstärke ein kleines Loch oben in die Glocke, durch welches Sie nach dem Ölen das Band zum Aufhängen ziehen. Das Band knoten Sie so zusammen, dass die Enden noch lang genug sind, um Perlen aufzuziehen und einen weiteren Knoten zu machen. Lassen Sie die Perlen vor der Glocke hinunterhängen.

14. Kugel

Material
+ Massivholzplatte
+ Leinölmischung
+ Band
+ evtl. Holzperlen

Anleitung

Kugeln sind nicht nur ein beliebter Weihnachtsbaumschmuck, sondern auch gern an Fenstern und anderen freien Flächen gesehen. Gearbeitet wird die Kugel wie die Glocke. Erst sägen Sie die Figur an der Außenkante aus, dann sägen Sie die Innenausschnitte. Nun schleifen Sie die Kanten und ölen die ganze Glocke. Zum Aufhängen können Sie ein Loch bohren oder eine Schrauböse anbringen. Die hier abgebildete Kugel ist für die Aufhängung mit einem Loch versehen worden. Auch hier können Sie das Band wieder mit Perlen schmücken, nachdem Sie es an der fertigen Kugel befestigt haben.

15. Stern

Material
◆ Massivholzplatte
◆ Leinölmischung
◆ Band
◆ Schrauböse

Anleitung
Dieser naturbelassene Anhänger kommt an Tannengrün besonders gut zur Geltung. Sägen Sie den Stern als Ganzes aus.

Verwenden Sie dafür die Grundform des Sternlichtes (siehe Vorlagebogen Motiv 10). Dann bohren Sie für jeden Innenausschnitt ein Loch, durch das Sie das Sägeblatt fädeln. Nun können Sie die Innenteile aussägen. Oben am Stern bringen Sie die Schrauböse an. Schleifen und ölen Sie den Stern, und ziehen Sie für die Aufhängung das Band durch die Öse.

16. Kerzenstern

Material
✦ Massivholzplatte
✦ Leinölmischung
✦ Nylonfaden

Anleitung
Dieser Stern ist durch seine kleinen Innenausschnitte etwas ganz Besonderes. Die Mühe lohnt sich! Sägen Sie zuerst den Stern als Ganzes aus, und bohren Sie dann kleine Löcher für die Innenausschnitte, die Sie nun aussägen können. Fädeln Sie dafür das Sägeblatt durch die Bohrlöcher. Wenn Sie alle Innenausschnitte ausgesägt haben, schleifen Sie die Kanten, um den Stern anschließend zu ölen. Zum Schluss befestigen Sie einen Nylonfaden für die Aufhängung.

Tipp: Wenn Sie möchten, können Sie den Stern auch mit Goldflitter besprühen.

17. Nikolausstrumpf

Material
✦ Massivholzplatte
✦ Leinölmischung
✦ Band
✦ Holzperlen

Anleitung

Nikolaussocken gehören zu jeder Weihnachtsdekoration. Diesen Strumpf mit Sternen sägen Sie zuerst im Ganzen aus und arbeiten dann an den Innenausschnitten weiter. Bohren Sie dafür für jeden Innenausschnitt ein Loch, durch das Sie das Sägeblatt fädeln. Dann können Sie das jeweilige Teil aussägen. Wenn Sie mit den Ausschnitten fertig sind, wird die Socke geschliffen und geölt. Zur Aufhängung ziehen Sie nur ein Band durch einen Ausschnitt der Schleife. Besonders schön sieht es auch hier wieder aus, wenn Sie ein paar Holzperlen an den Enden des Bandes befestigen.

18. Tannenbaum

Material
- Massivholzplatte
- Leim
- Leinölmischung
- Nylonfaden

Anleitung
Den Tannenbaum im Topf arbeiten Sie wie die anderen Anhänger: Erst sägen Sie die Außenkanten aus und arbeiten anschließend die Innenausschnitte.

Dann schleifen Sie vorsichtig das ganze Werkstück ab und ölen es. Aufhängen können Sie es an einem dünnen Nylonfaden, den Sie einfach durch die Spitze des Baumes ziehen.

Tipp: Wenn Sie mögen, können Sie den Tannenbaum auch aufstellen. Sägen Sie sich hierzu ein passendes Bodenstück zu, und leimen Sie den Baum vor dem Ölen darauf fest.

19. Lebkuchenmann

Material
✦ Massivholzplatte
✦ Lackstift in Schwarz oder Braun
✦ Schrauböse, Band
✦ Leinölmischung

Anleitung
Weihnachtszeit ist gleichbedeutend mit Lebkuchenzeit. Für unseren Lebkuchenmann benötigen Sie nur ein kleines Stückchen Holz, welches Sie nach dem Aussägen und Schleifen mit der typischen Lebkuchenzeichnung versehen. Anschließend können Sie eine Schrauböse am Kopf befestigen und das Männchen ölen.

Tipp: Möchten Sie mehrere Lebkuchenmänner aufhängen, schrauben Sie noch eine Öse in den Fuß, dann können Sie die Männchen untereinander aufhängen und nach Wunsch mit einer anderen Weihnachtsdekoration mischen.